Inhaltsverzeichnis

nachspuren, schreiben, malen

erkennen

hören

lesen

Sp sp

Sp/sp nachspuren; Sp/sp schreiben; unterschiedliche Sprechweise von Sp/sp am Wortanfang und im Wort beachten 3

Wörter mit dem Sp/sp-Laut einkreisen (Anlaut, Inlaut); Wörter nach der Anzahl der Silben sortieren 4

passende Sätze zuordnen; Sätze abschreiben 5

Reimwörter verbinden; Wörter verwandeln und schreiben 6

Fragen und Antworten verbinden; Fragen beantworten, eigene Frage und Antwort aufschreiben 7

Sätze passend zur Bildergeschichte nummerieren; Satz zum Bild schreiben 8

Spielanleitung lesen; Spiel mit einem Partner spielen; Frage beantworten 9

St st

St/st nachspuren; St/st schreiben; unterschiedliche Sprechweise von St/st am Wortanfang und im Wort beachten 10

Wörter mit dem St/st-Laut einkreisen (Anlaut, Inlaut); Silben zusammensetzen 11

passende Sätze zuordnen; Sätze abschreiben 12

Reimwörter verbinden; Wörter verwandeln und schreiben 13

passende Sätze ankreuzen; passende Sätze schreiben 14

Text lesen, passende Namenskarten schreiben; eigenen Stein gestalten und dazu schreiben 15

Text lesen; Textstellen unterstreichen, stimmt oder stimmt nicht ankreuzen 16

Ä ä

Ä/ä nachspuren; Ä/ä schreiben; Ä/ä in den Sätzen einkreisen, Sätze abschreiben 17

Vokale (Silbenkerne) markieren, Bilder mit passenden Wörtern verbinden; passende Wörter schreiben 18

Ö ö

Ö/ö nachspuren; Ö/ö schreiben; ö in den Sätzen einkreisen, Sätze abschreiben 19

Wörter mit dem Ö/ö-Laut einkreisen (Anlaut, Inlaut); Wörter nach der Anzahl der Silben sortieren 20

Ü ü

Ü/ü nachspuren; Ü/ü schreiben; ü im Satz einkreisen, Satz abschreiben 21

Wörter mit dem Ü/ü-Laut einkreisen (Inlaut); Wörter nach der Anzahl der Silben sortieren 22

Feld zum Markieren erledigter Aufgaben

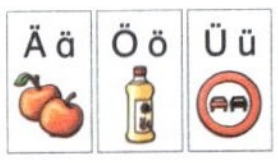

Wörter passend zuordnen, Mehrzahl bilden ... 23
Rezept lesen, Bilder zuordnen; Wörter schreiben ... 24
Abzählreime lesen; Abzählreime den Ländern zuordnen; (eigenen) Abzählreim schreiben ... 25
Text lesen, passende Aussagen ankreuzen; aufschreiben, was man schön oder nicht schön findet ... 26
passende Sätze zuordnen; Sätze abschreiben ... 27
Texte lesen, Bilder zuordnen; Satz zum Bild schreiben ... 28
Märchen mit verteilten Rollen lesen; Bilder passend ergänzen ... 29

ng nachspuren; ng schreiben; ng im Satz einkreisen, Satz abschreiben ... 30
Bilder mit passenden Wörtern verbinden; Stellung des ng-Lautes abhören (Inlaut, Auslaut) ... 31
passende Sätze zuordnen; Sätze abschreiben ... 32
Text lesen, stimmt oder stimmt nicht ankreuzen ... 33
zum Bild passende Sätze bilden und schreiben ... 34
Text lesen und darüber sprechen; sich für eine Antwort entscheiden und begründen ... 35

Äu/äu nachspuren; Äu/äu schreiben; äu im Satz einkreisen, Satz abschreiben ... 36
Silbenbögen mit Vokalen einzeichnen, Bilder mit passenden Wörtern verbinden; passende Wörter schreiben ... 37
passende Sätze zuordnen; Sätze abschreiben ... 38
Wörter passend zuordnen, Mehrzahl bilden; Wörter mit der Verkleinerungsform -chen bilden ... 39
passende Sätze ankreuzen; aufschreiben, wo die Sachen sind ... 40
Text lesen, Bilder zuordnen; eigenes Ende der Geschichte aufschreiben ... 41
Text lesen; Baumnamen sortieren und schreiben ... 42

V/v nachspuren; V/v schreiben; V/v in den Sätzen einkreisen, Sätze abschreiben ... 43
Lautqualitäten des V/v-Lautes unterscheiden; Bildwörter verschriften ... 44
passende Sätze zuordnen; Sätze abschreiben ... 45
Verben mit Bildern verbinden; Verben mit vor- und ver- bilden und schreiben; Verben pantomimisch darstellen ... 46
zum Bild passende Sätze bilden und schreiben ... 47
Texte lesen; Berufswunsch aufschreiben ... 48
Text lesen, Reimwörter verschriften ... 49

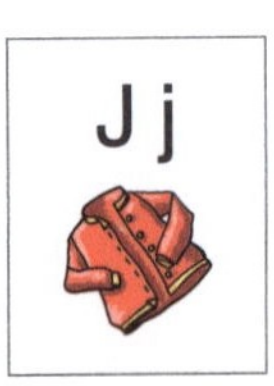

J/j nachspuren; J/j schreiben; J/j in den Sätzen einkreisen, Sätze abschreiben ... 50
Wörter mit dem J/j-Laut einkreisen (Anlaut); Wörter nach der Anzahl der Silben sortieren ... 51
passende Sätze zuordnen; Sätze abschreiben ... 52
aufschreiben, was man selber gerne macht; Aussagen zuordnen und darüber sprechen ... 53
Bild genau betrachten, Sätze passend ergänzen; Antwort begründen ... 54
Text lesen, ja oder nein ankreuzen ... 55
Gedichte lesen, Jahreszeiten dazuschreiben ... 56

Sp sp

1 Spure **Sp** und **sp** nach.

Sp sp

sparen Spatz Spinne Spagetti sprechen Sport Spiegel spannend spielen

2 Schreibe **Sp** und **sp**.

Sp sp Sp sp

3 Spure **Sp** und **sp** wie in 🕷 **blau** nach.
Spure **sp** wie in 🐝 **nicht** nach.

Spinne Wespe Sport Spiel lispeln
Knospe sprechen Kasper sparen
Spinat Spiegel knuspern spannend

Sp sp

1 Kreise ein.

2 Ordne nach Silben. Markiere die Silbenkerne.

Sporthose | spielen | Spatz | Spiel | Spardose | Spinat

[Spiel is crossed out on the page as the example]

Wörter mit dem Sp/sp-Laut einkreisen (Anlaut, Inlaut);
Wörter nach der Anzahl der Silben sortieren

Sp sp

1 Ordne zu und schreibe ab.

~~Opa spricht spanisch.~~ | Lisa spart Geld.

Die Spinne baut ein Netz. | Tim spielt mit Imo.

Papa schaut in den Spiegel. | Im Schnee sind Spuren.

Opa

2

Maria spricht deutsch und spanisch.
Mit Mama spricht sie deutsch.
Mit Papa spricht sie spanisch.

Sp sp

1 Finde alle Reime.

Spinne	Ziel	sprechen	zielen
Spatz	Schatz	spielen	brechen
Spiel	Rinne	spitzen	sitzen
Specht	Hecht	Speise	Nudel
Spitze	Wort	Spagetti	Konfetti
Sport	Witze	Sprudel	Reise

2 Wandle das Wort um.

die Reise

die Speise

das Ziel

das

die Rinne

die

der Hecht

der

die Witze

die

der Riegel

der

Reimwörter verbinden;
Wörter verwandeln und schreiben

Sp sp

1 Finde die passende Antwort.

Legen Spinnen Eier?	Die meisten Spinnen haben acht Augen.
Haben Spinnen drei Augen?	Spinnen legen Eier.
Haben Spinnen Ohren?	Die meisten Spinnen fressen Insekten.
Fressen Spinnen Insekten?	Spinnen haben keine Ohren.

2 Schreibe die richtige Antwort.

Haben Spinnen drei Beine?

Nein, sie haben

Bauen Spinnen ein Haus?

Nein,

Haben Spinnen Ohren?

3 Schreibe eine Frage und die Antwort dazu.

?

Sp sp

① Ordne zu.

☐ Lisa will spazieren gehen.
Sie sucht ihren zweiten Schuh.

☐ Lisa sieht Imo mit ihrem Schuh.
Sie schimpft mit Imo.

1 Imo will spielen.
Er klaut Lisas Sportschuh.

☐ Imo legt sich hinter den Spiegel.
Dort kaut er an Lisas Schuh.

② Schreibe auf, was Imo will.

Imo

Sätze passend zur Bildergeschichte nummerieren;
Satz zum Bild schreiben

Sp sp

❶ Drei gewinnt

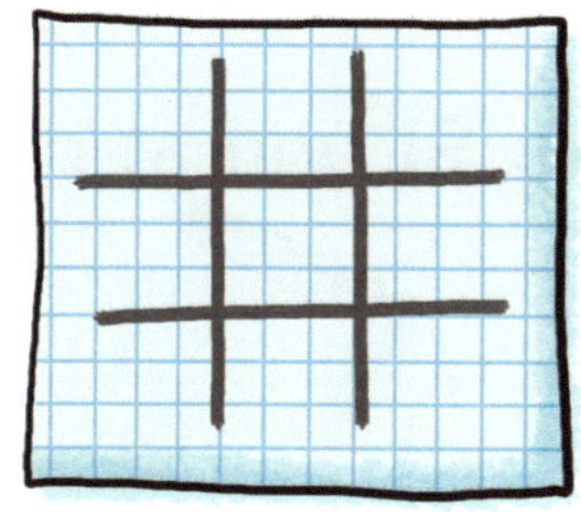

Tim und Lisa spielen.
Zuerst zeichnen sie ein Spielfeld auf.

Wer drei Kreuze in einer Reihe hat, hat gewonnen.
So kann eine Reihe aussehen:

① 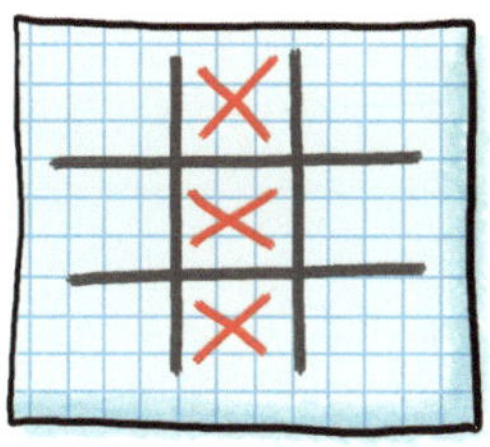

② 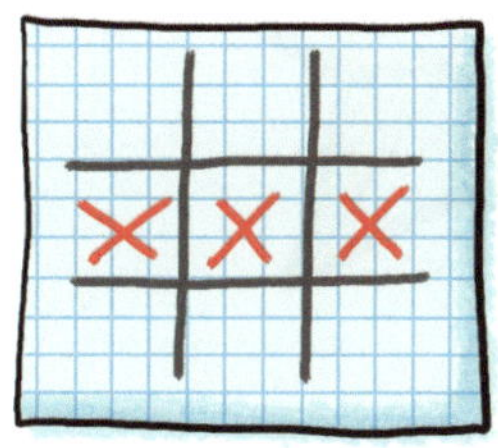

③ 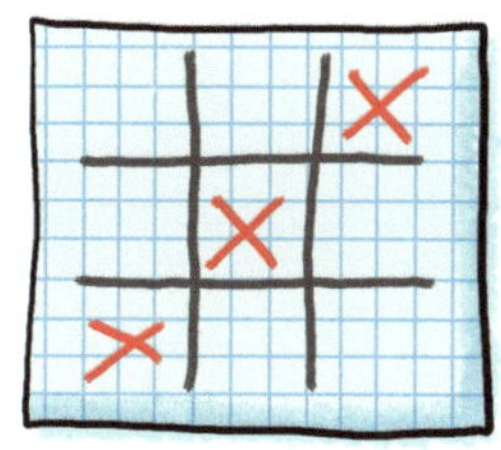

Tim beginnt.
Er zeichnet ein
rotes Kreuz ein.

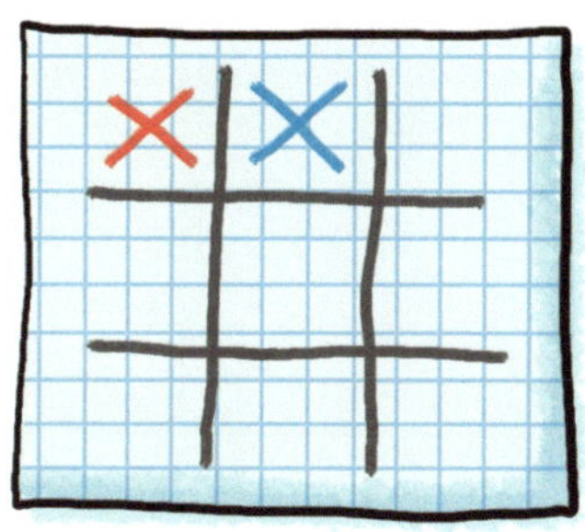

Nun ist Lisa dran.
Sie zeichnet ein
blaues Kreuz ein.

Tim setzt
ein zweites rotes
Kreuz.

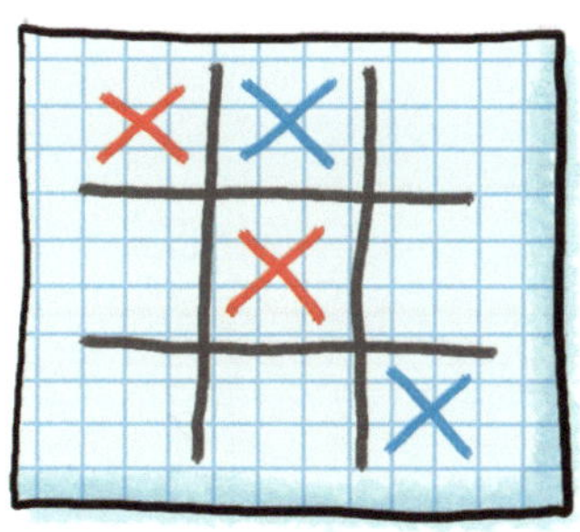

Auch Lisa setzt
ein zweites Kreuz.

Tim zeichnet
sein drittes Kreuz.

② Sprich mit einem Partnerkind:
Kann Lisa das Spiel noch gewinnen? ○ ☺ ○ ☹

Spielanleitung lesen; Spiel mit einem Partner spielen;
Frage beantworten

St st 

1 Spure **St** und **st** nach.

St

stehen Stern Stein Stempel

Stift still Stunde

stolpern st stellen

2 Schreibe **St** und **st**.

St st

3 Spure **St** und **st** wie in ☆ **blau** nach.
Spure **st** wie in ▭ oder ▭ **nicht** nach.

Ich spreche am Anfang **Scht**, aber ich schreibe **St**.

Stern Kiste Stall Nest streichen
stehen Liste Weste Stein Mast
Stift Stunde Ast Stufe steigen

St/st nachspuren; St/st schreiben;
unterschiedliche Sprechweise von St/st am Wortanfang und im Wort beachten

St st 

❶ Kreise ein.

❷ Setze die Silben zusammen.

Stei	Stif	Stem	fel	fen	pel
Stie	Stu	Ster	te	ne	ne

 Stei

St st 

1 Ordne zu und schreibe ab.

~~Oma steht still.~~

Papa streichelt Imo.

Paul streitet mit Dana.

Mama ist stolz auf Tim.

Lisa schreibt mit dem Stift.

Tim steht neben dem Stuhl.

Oma

2

Tom und Lea sind stolz.
Tom kann auf Stelzen gehen.
Lea kann auf einem Bein stehen.

 passende Sätze zuordnen; Sätze abschreiben

St st

1 Finde alle Reime.

Strand	Laub	Sturm	Turm
Stein	Bein	Stiel	Kern
Staub	Hand	Stern	Ziel

Stamm	Feuer	stehen	leiten
Steuer	Lamm	steigen	sehen
Stunde	Hunde	streiten	zeigen

2 Wandle das Wort um.

die Spritze

die Spitze

das All

der

der Sturm

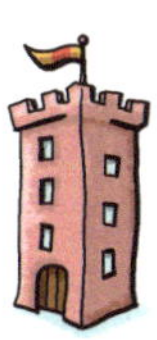

der

der Rand

der

streiten

rechen

St st 

1 Kreuze den passenden Satz an.

- Tim steht am Kiosk und kauft Eis. ☒
- Tim steht im Kiosk und kauft Eis. ◯

- Der Stuhl steht auf dem Bett. ◯
- Der Stuhl steht neben dem Bett. ◯

- Die Stiefel stehen unter dem Stuhl. ◯
- Die Stiefel stehen auf dem Stuhl. ◯

- Die Lampe steht neben dem Stuhl. ◯
- Die Lampe steht auf dem Stuhl. ◯

2 Schreibe auf, wo die Sachen stehen.

Die Kiste steht im

St st 

① Lies und ordne die Namen den Steinen zu.

Bunte Steine

Stefka, Tim und Paul haben am Strand
ein paar Steine gesammelt.
Sie wollen ihre Steine ausstellen.
Sie bemalen die Steine und
stellen Namenskarten dazu.

Pauls Stein ist ganz flach.
Er bemalt ihn mit einem Gesicht.

Stefka nimmt einen runden, glatten Stein.
Sie bemalt ihn mit bunten Streifen.

Mit einem roten Stift malt Tim
Kreise und Striche auf seinen Stein.

② Gestalte einen Stein und schreibe dazu.

Mein Stein

St st

1 Sterne

Tim und Papa schauen die Sterne am Himmel an.

„Schau mal! Diese Sterne strahlen besonders hell!“, sagt Tim.

Papa stellt das Fernrohr scharf.

„Das ist das Sternbild Stier“, sagt Papa.

Tim stellt eine Frage:

„Ist die Sonne auch ein Stern?“

Papa antwortet:

„Die Sonne ist auch ein Stern.
Menschen, Tiere und Pflanzen brauchen
die warmen Strahlen der Sonne.“

Lesepate:

2 Unterstreiche oben und kreuze richtig an.

	stimmt	stimmt nicht
Papa und Tim schauen fern.	○	X
Papa stellt das Fernrohr scharf.	○	○
Es gibt das Sternbild Stier.	○	○
Die Sonne ist ein Stern.	○	○
Wir brauchen die warmen Strahlen der Erde.	○	○

Text lesen; Textstellen unterstreichen, stimmt oder stimmt nicht ankreuzen

Ä ä

1 Spure die Umlaute **Ä** und **ä** nach.

2 Schreibe die Umlaute **Ä** und **ä**.

Ä ä

3 Kreise **Ä** und **ä** ein und schreibe die Sätze ab.

Wind bläst durch die Blätter.
An den Ästen schaukeln Äpfel.

Ä ä

1 Ordne zu und ergänze.

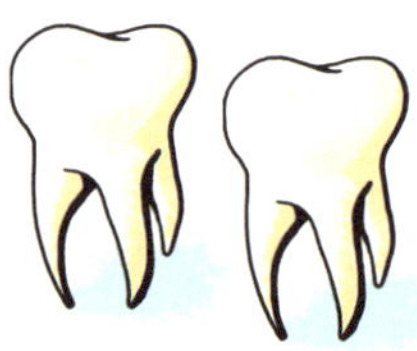

Käse
ä e
Bär
Wärmflasche
Mädchen
Zähne
Käfer

2 Schreibe.

ä e

ä e

ä

Vokale (Silbenkerne) markieren, Bilder mit passenden Wörtern verbinden;
passende Wörter schreiben

Ö ö 

1 Spure die Umlaute **Ö** und **ö** nach.

Körper zwölf König Öl Löwe böse hören schön können Flöte

2 Schreibe die Umlaute **Ö** und **ö**.

Ö ö

3 Kreise **Ö** und **ö** ein und schreibe die Sätze ab.

Der Löwe ist der König der Tiere.
Sein Körper ist schön.

Ö ö

1 Kreise ein.

2 Ordne nach Silben. Markiere die Silbenkerne.

König | Öl | zuhören | schön | Löwenzahn | böse

Öl

Wörter mit dem Ö/ö-Laut einkreisen (Anlaut, Inlaut);
Wörter nach der Anzahl der Silben sortieren

Ü ü 

1 Spure die Umlaute **Ü** und **ü** nach.

dürfen Füller über für Gemüse Tür üben grün müssen wünschen Blüte

2 Schreibe die Umlaute **Ü** und **ü**.

Ü ü

3 Kreise **Ü** und **ü** ein und schreibe den Satz ab.

Fünf Zwerge mit fünf Mützen
hüpfen über nasse Pfützen.

Ü ü 

1 Kreise ein.

2 Ordne nach Silben. Markiere die Silbenkerne.

grün	für	Gemüse	Schüler	Zahnbürste	Blüte

Wörter mit dem Ü/ü-Laut einkreisen (Inlaut);
Wörter nach der Anzahl der Silben sortieren

Ää  Öö  Üü 

1 Schreibe die Wörter in der Einzahl und Mehrzahl auf.

Kopf | Topf | ~~Korb~~

ein	mehrere
 ein Korb	zwei Körbe 

~~Kuh~~ | Wurst | Nuss

eine	mehrere
 eine Kuh	drei Kühe 

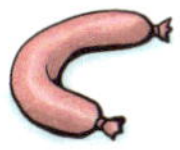	

Zahn | ~~Saft~~ | Apfel

ein	mehrere
 ein Saft	zwei Säfte 
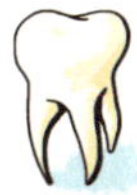	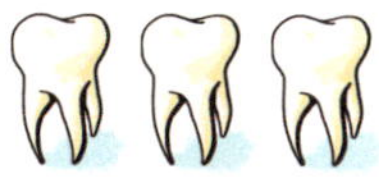

Ää  Öö  Üü 

1 Ordne zu.

1 Wasche und
zerschneide die Salatblätter.

2 Gib die Salatblätter
in eine Schüssel.

3 Mische zwei Esslöffel Öl
und einen Teelöffel Essig.
Würze mit Salz und Pfeffer.

4 Gib den Essig und das Öl
in die Schüssel
und rühre den Salat um.
Guten Appetit!

2 Schreibe, was in deinem Salat ist.

Ää Öö Üü

① Lies den Abzählreim.

Die Äpfel sind rund.
Die Äpfel sind bunt.
Ich trage sie ins Haus,
und du bist raus.

② Aus welchen Ländern kommen diese Abzählreime?
Überlege mit einem Partnerkind und ordne zu.

England	Eins, zwei, drei, du bist frei.
Türkei	One, two, three, out goes she.
Italien	Bir, iki, üç, elim sende.
Deutschland	Uno, due, tré, spaghetti, patate, caffé.

③ Schreibe einen Abzählreim.

1 Kreuze passende Sätze an.

Ich finde es schön,

- ◯ wenn sich die Blätter im Herbst rot färben.
- ◯ wenn mich mein kleiner Bruder anlächelt.
- ◯ wenn ich mit Opa in Büchern stöbere.
- ◯ wenn ich nicht so früh aufstehen muss.
- ◯ wenn mich Mama im Arm hält.

Ich finde es nicht so schön,

- ◯ wenn andere Kinder über mich lachen.
- ◯ wenn mich meine ältere Schwester ärgert.
- ◯ wenn andere trödeln.
- ◯ wenn mir keiner zuhört.
- ◯ wenn mein bester Freund plötzlich auf mich wütend ist.

2 Schreibe passende Sätze.

Ich finde es schön,
wenn

Ich finde es nicht so schön,
wenn

Text lesen, passende Aussagen ankreuzen; aufschreiben, was man schön oder nicht schön findet

1 Ordne zu und schreibe ab.

~~Der Zwerg trägt eine Mütze.~~ | Der Kater trägt Stiefel.

Der Prinz küsst Dornröschen. | Rapunzel hat zwei Zöpfe.

Frau Holle schüttelt Betten aus. | Der böse Wolf ist im Wald.

 Der Zwerg

2

Die Klasse führt ein Märchen auf.
Özlem spielt Rotkäppchen.
Leon spielt den bösen Wolf.

Ää  Öö  Üü 

1 Ordne zu.

Märchen

1 Rotkäppchen trifft im Wald den bösen Wolf. Er fragt das Mädchen, wohin es geht.

2 Der Froschkönig hilft der Prinzessin. Er holt ihre goldene Kugel aus dem Brunnen.

3 Der Prinz küsst Dornröschen. Dornröschen erwacht aus einem tiefen Schlaf.

4 Aschenputtel muss Linsen aufsammeln. Die Tauben helfen mit.

2 Schreibe auf, wen der Prinz küsst.

Der

1 Die drei Wünsche

nach den Brüdern Grimm

Erzähler: Es waren einmal ein armer Mann und seine Frau.
Sie hatten drei Wünsche frei.
Sie überlegten hin und her,
was sie sich wünschen könnten.

Frau: Ach, immer nur altes Brot.
Ich wünschte, wir hätten Würstchen!

Erzähler: Kaum hatte sie das gesagt,
wurde ihr Wunsch erfüllt.

Mann: Oh nein!
Nun ist der erste Wunsch schon weg!
Ich wünschte, das Würstchen
würde an deiner Nase kleben!

Erzähler: Kaum hatte er das gesagt,
wurde auch
der zweite Wunsch erfüllt.

Mann: Oh weh! Deine Nase
sieht ganz schön komisch aus.
Ich wünschte, das Würstchen
wäre wieder weg!

Erzähler: Nun waren alle Wünsche weg
und die beiden blieben
so arm wie bisher.

Lesepate:

2 Ergänze die Bilder.

ng 

1 Spure **ng** nach.

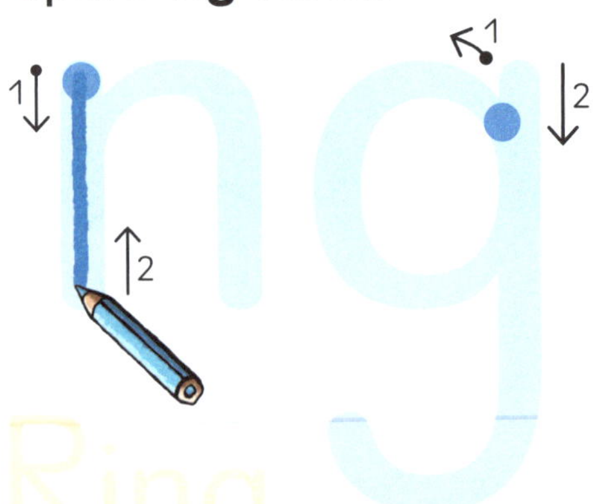

Zunge Frühling bringen eng Ring Schlange Zeitung singen Stängel

2 Schreibe **ng**.

ng

3 Kreise **ng** ein und schreibe den Satz ab.

An einer Hand sind fünf Finger:
Daumen, Zeigefinger, Mittelfinger,
Ringfinger und kleiner Finger.

ng nachspuren; ng schreiben;
ng im Satz einkreisen, Satz abschreiben

ng 

❶ Ordne zu.

der Engel

der Ring

die Zunge

der Finger

die Zange

die Schlange

die Zeitung

die Klingel

❷ Trage **ng** passend ein.

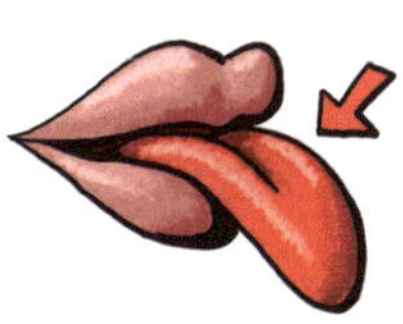
ng

ng 

❶ Ordne zu und schreibe ab.

~~Lisa kocht Pudding.~~ | Tim langweilt sich. | Das Telefon klingelt. | Mama singt ein Lied. | Imo bringt die Zeitung. | Das Bild hängt schief.

Lisa

❷

Tim langweilt sich.
Da klingelt es an der Tür.
Es ist Tims Freund Ingo.
Er bringt ein neues Spiel mit.

 passende Sätze zuordnen; Sätze abschreiben

ng

1 Besondere Tiere

Giraffen haben einen langen Hals
und eine lange Zunge.
So können sie auch die Blätter
hoher Bäume fressen.

Pinguine haben Flügel.
Aber sie können nicht fliegen.
Pinguine schwimmen und tauchen sehr gut.
Die Flügel benutzen sie dabei als Flossen.

Schlangen haben zwar eine Nase,
noch besser riechen sie aber
mit ihrer Zunge. Deshalb züngeln
Schlangen so oft.

2 Unterstreiche oben und kreuze richtig an.

	stimmt	stimmt nicht
Giraffen haben eine lange Zunge.	X	○
Pinguine können sehr gut fliegen.	○	○
Pinguine können nicht tauchen.	○	○
Schlangen haben eine Nase.	○	○
Schlangen hören mit der Zunge.	○	○

ng

Im Schwimmbad

1 Betrachte das Bild.
Verbinde und schreibe die Sätze ab.

Ein Kind	drängeln am Ausgang.
Zwei Kinder	springt ins Wasser.
	taucht nach Ringen.

Ein Kind

2 Schreibe weitere Sätze zum Bild.

ng

1 Angsthase

Alle Kinder sind schon gesprungen.
Ich will auch springen.

Langsam kletterte ich den Sprungturm hoch.
Meine Beine fangen an zu zittern.
Auf dem Sprungbrett habe ich
dann fürchterliche Angst.
Ich kann nur noch krabbeln.
Ich traue mich doch nicht zu springen.

Leon zeigt mit dem Finger auf mich
und ruft: „Tom ist ein Angsthase!“

Das ist mir aber egal.
Ich springe nur,
wenn ich es
wirklich selbst will.

Lesepate:

2 Kreuze an und begründe: ◯ Tom springt, ◯ Tom springt nicht,

weil ______________________________

____

3 Sprecht miteinander: Was meint dein Partnerkind?
Welche Meinung haben andere Kinder in der Klasse?

Äu äu 

1 Spure **Äu** und **äu** nach.

2 Schreibe **Äu** und **äu**.

Äu äu

3 Kreise **äu** ein und schreibe den Satz ab.

Wenn Mäuse träumen, sehen sie
Häuser aus Käse unter Bäumen.

Äu äu

1 Ordne zu und ergänze.

der Zaun

au

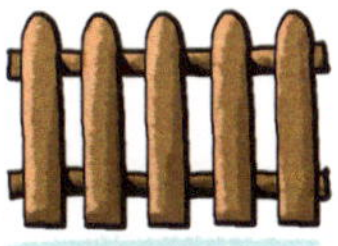

die Zäune

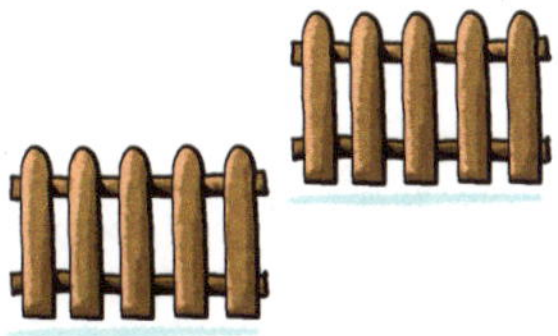

der Traum

die Träume

der Strauch

die Sträucher

2 Schreibe.

äu e

äu e

äu e

Äu äu

1 Ordne zu und schreibe ab.

~~Mäuse mögen Käse.~~ | Imo träumt häufig. | Der Läufer läuft ins Ziel. | Die Seife schäumt. | Die Bäume tragen Früchte. | Das Telefon läutet laut.

Mäuse

2

Ich träume.
Ich fliege über Häuser
und Bäume.

Äu äu

1 Schreibe die Wörter in der Einzahl und Mehrzahl auf.

~~Baum~~	Haus	Strauch	Bauch	Kraut

ein	mehrere

 ein Baum — zwei Bäume 

 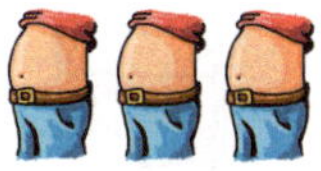

2 Alles wird klein. Schreibe auf.

 eine Maus — ein Mäuschen 

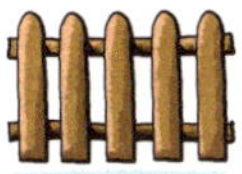 

Äu äu

1 Kreuze den passenden Satz an.

Lisa sieht das Mäuschen in der Kiste. ○
Lisa sieht das Mäuschen auf der Kiste. ☒

Lisa räumt das Häuschen in den Käfig. ○
Lisa räumt das Häuschen neben den Käfig. ○

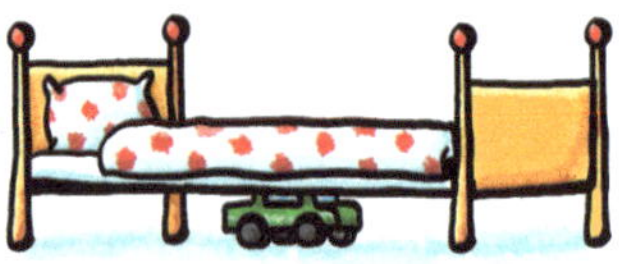

Lisa stellt das Auto unter das Bett. ○
Lisa stellt das Auto in das Bett. ○

Lisa legt den Ball in den Korb. ○
Lisa legt den Korb auf den Ball. ○

2 Schreibe auf, wo die Sachen sind.

Das Mäuschen ist auf der

passende Sätze ankreuzen;
aufschreiben, wo die Sachen sind

Äu äu

① Ordne zu.

Das Mäuschen

1 Das Mäuschen schläft im Mäusenest und träumt.

2 Es riecht köstlich nach Käse. Das Mäuschen wacht auf und schaut aus dem Loch.

3 Der Käse liegt auf dem Tisch. Schnell klettert das Mäuschen hinauf.

4 Die Katze mit ihren scharfen Krallen sieht die Maus auf dem Tisch.

5 Schnell läuft das Mäuschen weg. Die Katze rennt hinterher.

② Schreibe das Ende der Geschichte auf.

Äu äu

1

Buche | Tanne | Apfelbaum | Birnbaum | Kiefer | Birke | Kirschbaum | Pfirsichbaum | ~~Eiche~~ | Pflaumenbaum

Bäume

Bäume sind riesige Lebewesen.
Sie können sehr alt werden.
Sie spenden uns Schatten.
Sie säubern die Luft.
Sie bieten Tieren Schutz.
Wir mögen ihren Duft.
Wir nutzen ihr Holz.
Wir essen ihre Früchte.

Lesepate:

2 Schreibe Baumnamen auf.

Waldbäume

Eiche

Obstbäume

V v

1 Spure **V** und **v** nach.

vor Vater vorsichtig Vase von voll Vogel viel versuchen vier

V

v

2 Schreibe **V** und **v**.

3 Kreise **V** und **v** ein und schreibe die Sätze ab.

Wörter mit
V v musst du
dir merken.

Vater nimmt vorsichtig den Verband ab.
Die Wunde ist schon gut verheilt.

V v  

V v wie in Vogel – V v wie in Vase

1 Unterscheide.

Vogel Vase Vampir Vulkan viel

vor versuchen Klavier Pullover

Verkehr Kurve vier voll Pulver

November Olive Vater Verband

2 Schreibe die Wörter auf.

V v wie in Vogel		V v wie in Vase	

Lautqualitäten des V/v-Lautes unterscheiden;
Bildwörter verschriften

V v

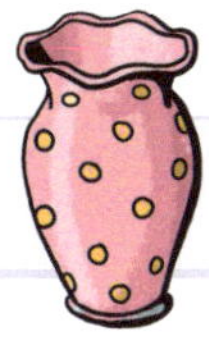

1 Ordne zu und schreibe ab.

~~Vater holt Tim ab.~~ | Das Glas ist voll. | Der Vulkan bricht aus. | Lisa spielt Klavier. | Der Vampir mag den Vollmond. | Vögel bauen Nester.

Vater

2

Volker und Valentin
sind Vornamen für Buben.
Vanessa und Valerie
sind Vornamen für Mädchen.

V v

1 Verbinde die Wörter (Verben) mit den Bildern.

Wer tut was?

essen

lesen

schwimmen

laufen

schlafen

schreiben

2 Bilde vier neue Verben mit den Vorsilben vor und ver.

vor

ver

laufen

schreiben

vorlaufen

3 Spielt miteinander Verbenraten.
Ein Partnerkind oder andere Kinder müssen erraten, was du tust.

Verben mit Bildern verbinden;
Verben mit vor- und ver- bilden und schreiben; Verben pantomimisch darstellen

V v

Viele Vögel

1. Betrachte das Bild.
Verbinde und
schreibe die Sätze ab.

Ein Vogel	baut ein Nest.
	badet in der Pfütze.
	frisst viele Körner.

Ein Vogel

2. Schreibe weitere Sätze zum Bild.

V v

1 Viele Berufe

Meine Mama ist Verkäuferin.
Sie verkauft schöne Kleider.
Manchmal muss sie zu einer
Ausstellung und dazu verreisen.

Mein Vater ist oft
auf Baustellen.
Dort gibt es Bagger und Gerüste.
Deshalb müssen alle
sehr vorsichtig sein.

Mama arbeitet auf der Unfallstation.
Dort sind immer viele verletzte Personen.
Oft muss Mama Wunden verbinden.
Manchmal arbeitet sie auch nachts
oder am Wochenende.

2 Schreibe, was du später werden möchtest.

V v

1 Der kleine Kater

Der kleine hungrige Kater

sucht Vera und ihren Vater.

„Ich will sofort was fressen!
Haben die beiden mich vergessen?“
Mit einem Satz springt das Tier

auf das ____________.

Es landet mit allen vier Pfoten

auf Vaters kostbaren ____________.

Dann springt es auf den Tisch
und stupst mit der Nase

gegen Omas alte ____________.

Der Vater ruft: „Das ist verboten!

Runter jetzt mit deinen ____________!“

Die Mutter hält das alles nicht mehr aus
und setzt Nervensäge und Futter

vor das ____________.

Der kleine Kater schaut vergnügt,
weil der volle Teller ihm genügt.

Lesepate:

J j

❶ Spure **J** und **j** nach.

Jäger Jahr Juli jagen jung Judo Junge ja jeder

❷ Schreibe **J** und **j**.

❸ Kreise **J** und **j** ein und schreibe die Sätze ab.

Ronja ist ein Jahr älter als Jan.
Jan ist ein Jahr jünger als Ronja.

J/j nachspuren; J/j schreiben;
J/j in den Sätzen einkreisen, Sätze abschreiben

J j

1 Kreise ein.

2 Ordne nach Silben. Markiere die Vokale (Silbenkerne).

Jahr	ja	Januar	Judo	Juwelen	jeder

J j

❶ Ordne zu und schreibe ab.

~~Finja kann Judo.~~ | Der Junge jubelt. | Das ist Janeks Jo-Jo. | Die Katze jagt die Maus. | Lisa wird sieben Jahre alt. | Der Jaguar ist ein Raubtier.

❷

Finja ist ein Mädchen.
Janek ist ein Junge.
Janek ist Finjas bester Freund.

J j

1 Schreibe auf, was du gern machst.

Ich bin ein Mädchen. ◯ Ich bin ein Junge. ◯

____

____

____

Ich vermute …

2 Verbinde. Wer könnte das sagen:
ein Mädchen,
ein Junge
oder beide?

Ich spiele sehr gerne Gitarre.

Am liebsten höre ich Musik.

Fahrrad fahre ich gerne.

Ich spiele gerne mit Jungen.

Ich tanze gerne.

nur Junge | beide | nur Mädchen

Gerne spiele ich mit Mädchen.

Ich spiele am liebsten mit meiner Rennbahn.

Ich gehe gerne zum Judo.

3 Sprich mit einem Partnerkind darüber.

J j

Frühling, Sommer, Herbst und Winter

1 Trage die passende Jahreszeit ein.

Es ist die grünste Jahreszeit.
Die Tage werden länger.
Viele Pflanzen blühen.

Es ist der Frühling

Es ist die wärmste Jahreszeit.
Die Sonne scheint oft.
Wir gehen schwimmen.

Es ist der ______________

Es ist die bunteste Jahreszeit.
Viele Früchte werden reif.
Kinder lassen Drachen steigen.

Es ist der ______________

Es ist die kälteste Jahreszeit.
Manchmal schneit es.
Es wird früh Abend.

Es ist der ______________

2 Begründe, welche Jahreszeit dir am besten gefällt.

Am besten gefällt mir ______________

____

____

Bild genau betrachten, Sätze passend ergänzen;
Antwort begründen

J j 

1 Kreuze richtig an.

Im Frühling 

	ja	nein
Im Frühling verkleiden wir uns.	○	☒
Im Frühling bauen Vögel Nester.	○	○
Im Frühling ist das Jahr vorbei.	○	○

Im Sommer 

	ja	nein
Im Sommer haben wir lange Ferien.	○	○
Im Sommer laufen wir Schlittschuh.	○	○
Im Sommer essen wir Lebkuchen.	○	○

Im Herbst 

	ja	nein
Im Herbst blühen die Bäume.	○	○
Im Herbst beginnt das neue Jahr.	○	○
Im Herbst werden Äpfel geerntet.	○	○

Im Winter 

	ja	nein
Im Winter schneit es jeden Tag.	○	○
Im Winter feiert man Weihnachten.	○	○
Im Winter gehen wir ins Freibad.	○	○

J j

1 Trage die passende Jahreszeit ein.

Wie lernst du am besten auswendig? Tausche dich aus: mit einem Partner und in der Gruppe!

Die vier Jahreszeiten

Der Frühling

Bunte Blüten,
junge Blätter,
alles wieder neu.
Helle Tage,
Vögel zwitschern,
ach, wie ich mich freu.

Der

Blauer Himmel,
Wärme, Licht –
jedem tut die Sonne gut.
Aber Achtung,
nicht vergessen,
trage einen Sonnenhut.

Rote Äpfel,
reife Birnen,
jetzt werden die Blätter bunt.
Graue Wolken,
Nieselregen,
hoffentlich bleib ich gesund.

Handschuh, Mütze,
Schal und Mantel,
schnell raus in den Schnee.
Schneemann bauen,
Schlitten fahren,
Kälte tut den Fingern weh.

Lesepate:

Auf ins Freie!

Roller aus dem Keller,
Katze aus dem Haus,
Blüten aus den Knospen,
alles kommt heraus.

Kinder aus den Stuben,
Küken aus dem Ei,
Vögel aus dem Süden
sind auch bald dabei.

Alfons Schweiggert

Blätter fallen

Falle, falle,
gelbes Blatt,
rotes Blatt,
bis der Baum
kein Blatt mehr hat,
weggeflogen alle.

Lisa Bender